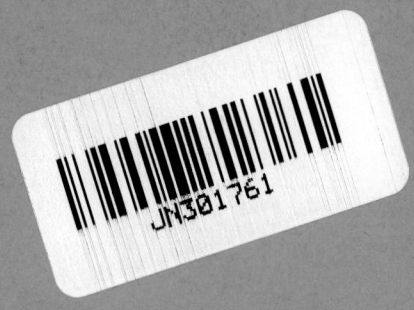

乾物EveryDay

フードコンサルタント
サカイ優佳子・田平恵美
写真　永野佳世

コモンズ

乾物 Every Day

CONTENTS

プロローグ
乾物は未来食！

乾物を毎日使いこなすって、とてもむずかしいと思っていませんか？

特別な食材のように捉えられがちな乾物ですが、「乾燥させることによって常温で保存できる食材」と考えれば、私たちは思った以上に多くの乾物を食べています。一般的な切り干し大根やひじきなどだけでなく、ナッツやドライフルーツはもちろん、乾麺であればパスタやうどんも乾物。乾燥させた豆も、あんこや煮豆にしたり、サラダやスープの具としたりして、食べています。

基本的には太陽と風とで作ることができ、常温で保存できる乾物は、これからもっと注目されてよい未来食ではないでしょうか。

乾物のメリットをまとめてみました。

❶常温で保存できる。

❷軽いので、持ち運びに便利なうえ、輸送の際の CO_2 削減にもつながる。

❸旬の食材を無駄にせず、保存できる。

❹使いたい分だけ使えるので、一人暮らしや少人数の家庭にも向く。

❺常備しておけるから、買い物に行けないなどイザという時も安心。

❻下ごしらえしてある食材も多いので、家庭でごみが出ず、調理がラク。

❼生とは違う食感、風味、栄養がある。

たとえば、大根一本（約 1 kg）を切り干し大根にすれば、重さはたった 100g ほど。日持ちは生よりずっと長く、皮をむいたり刻んだりの手間もかかりません。15 分もあれば戻るので、帰宅後シャワーを浴びる前に水につければ、すぐに料理に取りかかれます。

この本では、ちょっとしたコツを覚え、段取りをすることで、乾物と気楽に付き合う方法を紹介します。乾物は地味でも面倒でもありません。

食べものを無駄にせず、ラクに便利に食べていくために、「乾物 Every Day」！

材料は特別な表記がないかぎり 2 人分です。また、**乾物タイム**では、調理時間とは別に、乾物の戻し時間と方法を書きました。乾物は戻すとカサが増えるので、原則としてヒタヒタではなく、たっぷりの水で戻してください。→水に浸す、→茹でる、→熱湯をかける。

乾物は地味じゃない！

乾物というと、茶色がベースの「お袋の味」的なイメージをもつ人が多いようですが、実は色彩も豊か。野菜、果物、海藻、魚に肉と、素材のバリエーションも豊富です。和食だけではなく、洋風、中華、エスニックからデザートまで、使い道もいろいろ。朝食に、ランチに、ティータイムや夕食にと、あらゆるシーンで活躍します。乾物メインのおもてなし料理だって作れるんです。

01

01

朝食や軽食にピッタリの甘くない「ケーキ」

ドライドトマトと干し椎茸のケークサレ

■材料（8×22×5.5cmのパウンド型1台分）

＜主な乾物＞

ドライドトマト　30g

スライス干し椎茸　5g

米粉　125g

くるみ　30g→粗みじん切り

乾物タイム

ドライドトマト　戻す→白ワイン大さじ2　20分

スライス干し椎茸　戻す→水50cc　10分

米粉・くるみ　不要

＜その他の材料＞

ベーキングパウダー　小さじ1.5

卵　2個

シュレッドチーズ　100g

オリーブオイル　大さじ4

白ワイン　大さじ3

にんにく　1/2かけ→みじん切り

バジル・パセリみじん切り　各大さじ2

■作り方

①戻したドライドトマトを1cm角に切る。

②ボウルに米粉とベーキングパウダーを入れて、ざっと混ぜる。

③ドライドトマトと干し椎茸の戻し汁も含めた残りすべての材料を②に加え、よく混ぜる。

④油（分量外）を塗り、米粉（分量外）をはたいたパウンド型に③を流し入れ、180度に予熱したオーブンで45分ほど焼く。

＊焼き上がりの目安：竹串を刺してみて、何もついてこなければ焼き上がりです。

＊シュレッドチーズは、せん切りになったチーズ。

＊型に米粉をはたくのは、焼き上がった時に取りやすくするためです。

ケークサレ

フランス語で、サレは塩。ケークサレは、野菜やハム、ソーセージ、チーズなどを焼きこんだ、フランス生まれの具だくさんの食事用ケーキです。

02

今回使用した雑穀は、もち玄米、もち米、黒大豆、もち赤米、はと麦、もち黒米、小豆、もちきび、もち粟、うるちひえです。ナッツは、くるみやスライスアーモンドなど好みのナッツをお使いください。大きいものは適宜刻みましょう。

02

穀物とレーズンの甘みとうま味がたっぷり

雑穀とナッツとレーズンのキッシュ

■材料（直径25cmの耐熱皿1枚分）

＜主な乾物＞

好みの雑穀　2合

松の実　大さじ2

レーズン　大さじ2

＊雑穀は炊きやすい量にしています。キッシュの材料として使うのはその一部です。残った雑穀はそのまま食べてもよいし、ご飯と同様に冷凍もできます。

乾物タイム

好みの雑穀　炊く（炊飯器で普通の水加減でOK）

松の実・レーズン　不要

＜その他の材料＞

ほうれん草　1束（200g程度）

白ゴマ　大さじ3

油　適量

玉ねぎ　1/4個→粗みじん切り

炊いた雑穀　1カップ

パルミジャーノレッジャーノチーズすりおろし（なければ粉チーズ）　大さじ6

卵　4個

生クリーム　1カップ

塩・コショウ　各少々

＜生地の材料＞

バター　75g

小麦粉　150g

水　40cc弱

塩　小さじ1/2強

■作り方

①ほうれん草は塩（分量外）茹でして水にさらしたあと、水気をよく絞り、細かく刻む。

②白ゴマはすり鉢で半ずりにする。

③フライパンに油をひき、玉ねぎ、ほうれん草を炒める。

④卵、生クリーム、②、松の実、レーズン、炊いた雑穀、パルミジャーノレッジャーノを合わせて、木べらなどでよく混ぜる。③を加えてさらに混ぜたら、塩・コショウで味を調える。

⑤耐熱皿にキッシュの生地＊を敷き、④を流し入れたら、200度に予熱したオーブンで40分焼く。

※生地の作り方

①バターは2cm角に刻み、冷蔵庫で冷やす。

②フードプロセッサーに、①と小麦粉を入れて、さらさらの粉状にしたら、塩を加えた水を加えて、まとまるまで攪拌する。

③②を丸め、ラップをして1時間冷蔵庫でねかせる。

④小麦粉（分量外）をふった台の上に③をおき、直径30cm程度に伸ばす。

⑤型にバター（分量外）を塗り、小麦粉（分量外）をふって余分な粉を落としたら、④をのせる。型に沿うように指でなじませ、余った部分は包丁で縁に沿って切り取る。

03

03

乾物も立派なメインディッシュに

すきみ鱈《だら》とじゃがいものレモン煮

■材料

＜主な乾物＞

すきみ鱈　半身

乾物タイム

すきみ鱈　戻す→水　一晩

＜その他の材料＞

玉ねぎみじん切り　大さじ3

長ねぎ　5cm →みじん切り

セロリの葉　1本→みじん切り

じゃがいも　2個→皮をむき厚さ1cmに切る

すきみ鱈の戻し汁　1カップ

水　1カップ

米粉　大さじ2

レモン汁　大さじ2

オリーブオイル　適量

■作り方

①戻したすきみ鱈は、5cm角程度に切る。

②オリーブオイルをひいた鍋に玉ねぎ、長ねぎ、セロリの葉を入れて、しんなりするまで5分ほど炒める。

③すきみ鱈の戻し汁と水、じゃがいもを②に加えたら、蓋をして、じゃがいもが柔らかくなるまで15分ほど、弱火でコトコト煮る。

④すきみ鱈を加えて弱火で10分ほど煮たら、米粉をレモン汁と水大さじ2（分量外）で溶いたものを加えてひと煮立ちさせ、蓋をして5分ほど味をなじませる。

＊すきみ鱈はものによって塩気の強さが違います。塩が足りないようであれば、④で戻し汁を足す、塩を加えるなど調整してください。

干し鱈

すきみ鱈、棒鱈をはじめ干し鱈は、世界各地でコロッケ、スープ、サラダなどさまざまな料理に使われています。戻し汁もうま味がたっぷりなので、活用しましょう。

04

04

ワイルドライスの食感と色彩を堪能

ワイルドライスとゴールデンキウイのサラダ

■材料

＜主な乾物＞

ワイルドライス　1/2 カップ

松の実　大さじ2

乾物タイム

ワイルドライス　茹でる→ 50 分

倍量程度の水から茹で、沸騰したら弱火にする。実がはじけて中の白い部分が見えてきたら、茹で上がりの目安。

松の実　不要

＜その他の材料＞

ゴールデンキウイ　1/2 個→皮をむき 1 cm 角に切る

パプリカ（赤・黄）　各 1/4 個→ 5 mm 角に切る

紫玉ねぎ　1/4 個→みじん切り

バジル　6枚→細かくちぎる

キルシュワッサー　小さじ 1/4

バルサミコ酢　大さじ 1.5

エクストラバージンオリーブオイル　大さじ 1.5

レモン汁　小さじ2

■作り方

①茹でたワイルドライスの湯をきり、粗熱をとる。

②ゴールデンキウイ、赤·黄パプリカ、紫玉ねぎ、バジル、松の実、①を合わせ混ぜ、キルシュワッサー、バルサミコ酢、オリーブオイル、レモン汁で調味する。

＊キルシュワッサーは透明なサクランボのリキュール。製菓材料として少量サイズも売られていて、チーズフォンデュの香りづけにも使われます。手に入らなければ、省いてもかまいません。

ワイルドライス

北米で食べられているイネ科の穀物。グラタンやスープの具などに使われ、ナッツのような風味です。輸入食材を多く扱う店で手に入ります。

05

05

煮物以外にもひじきは活躍！

芽ひじきとおかひじきのフリッタータ

■材料

＜主な乾物＞

芽ひじき　5g

乾物タイム

芽ひじき　戻す→水 15〜20 分

＜その他の材料＞

おかひじき　20g

生ハム（またはベーコン）　25g

A ［シュレッドチーズ 100g、パルミジャーノレッジャーノチーズすりおろし（なければ粉チーズ）大さじ 1、卵 3 個］

塩・コショウ　各少々

オリーブオイル　大さじ 1

ひじき

煮物が普通ですが、火を通さなくても食べられます。サラダや寿司の具、炊き込みご飯やパスタなどにも活用を。

ひじきの芽の部分だけを集めた芽ひじきは、柔らかいのでサラダ向き、茎の部分の長ひじきは、煮物向きです。

■作り方

①おかひじきはさっと茹でて長さ 2cm 程度のざく切りにし、生ハム（またはベーコン）は幅 1cm に切る。

②水気をきった芽ひじき、①、A を混ぜ合わせ、塩・コショウで味を調える。

③オーブンに入れられるフライパンにオリーブオイルをひき、②を流し入れ、中火にかける。

④まわりがグツグツいってきたら、180 度に予熱したオーブンにフライパンごと入れ、表面に焼き色がつくまで 15 分ほど焼く。

＊フリッタータは、オーブンやフライパンで焼くイタリア風の厚焼き卵です。

＊オーブンにそのまま入れられるフライパンがなければ、オリーブオイルを塗った耐熱皿に②を流し入れ、オーブンで 20 分ほど焼いてください。オーブンがない場合は、フライパンを火にかけ、10 分ほど弱火で火を通したら裏返し、全体に火が通るまでじっくり焼き上げます。

06

06

ドライドトマトはサラダでもおいしい

ドライドトマト入り パスタサラダ

■材料

＜主な乾物＞

フジッリ　150g

ドライドトマト　25g

乾物タイム

フジッリ　茹でる→塩を入れた湯で茹で、水でしめて（余熱をとって）から水をきる。茹で時間は袋の指示に従う

ドライドトマト　戻す→水　15～20分

＜その他の材料＞

A［完熟トマト1個→さいの目切り、黒オリーブ（種なし）6個→薄切り、フェタチーズ80g→さいの目切り、バジルの葉6枚→ちぎる］

塩・コショウ　各少々

オリーブオイル　大さじ2

■作り方

①戻したドライドトマトは、食べやすいように3～4等分する。

②フジッリ、①、Aを、オリーブオイルを加えて和え、塩・コショウで味を調える。

＊フェタチーズは、塩気が強めで白いギリシャのチーズです。フェタチーズを見つけたら、ぜひこのサラダを作ってみてください。

＊手に入らないときは、フレッシュモッツァレラチーズで代用。ただし、フェタチーズ独特の塩気の強さや酸味はでないので、あっさり柔らかい味わいになります。

＊フジッリは、螺旋状のショートパスタです。蝶々型のファルファッレやペン先のような形をしたペンネ、マカロニなど他のショートパスタでも作れます。

ドライドトマト

ドライフルーツ感覚で、そのまま食べてもおいしい。煮込み料理やパスタ、サラダなどのほか、炒め物の材料としても。和食との相性も意外によいです。

08

07

豆が古いと、茹で時間が多少かかります。指でつぶせる程度の柔らかさを目安にしましょう。残った茹で大豆はスープやサラダに加えてください。冷凍保存もできます。

フードプロセッサーがない場合は、すりこぎなどで豆をつぶしてください。

07

ディップにすれば大豆が
パンやクラッカーのおトモに

大豆と柚子コショウのディップ

■材料

＜主な材料＞

大豆　1カップ

乾物タイム

大豆　戻す＆茹でる

水に8時間つける→1時間ほど茹でる

急ぐ時は：水から大豆を入れて沸騰させて火を止め、温度が下がらないように1時間ほど保つ。炊飯器やポット、オーブンなどを利用するとよい。ない場合は、温度が下がってきたなと思ったら、もう一度火を入れ直せばOK。

＜その他の材料＞

茹でた大豆　100g

柚子コショウ　小さじ2

柚子果汁　少々

植物油　大さじ2

香菜　少々→みじん切り

■作り方

すべての材料をフードプロセッサーに入れ、なめらかになるまで混ぜる。

08

戻さずに茹でられる小豆を
もっと活用！

小豆とクリームチーズのディップ

■材料

＜主な材料＞

小豆　1カップ

乾物タイム

小豆　茹でる→約30分

洗って水から火にかけ、沸騰して数分したら湯を捨てる。もう一度水を加えて火にかけ、柔らかくなるまで煮る。

＜その他の材料＞

茹でた小豆　100g

クリームチーズ　80g

塩　小さじ1/4

コショウ　少々

■作り方

すべての材料をフードプロセッサーに入れ、なめらかになるまで混ぜる。

＊茹でた小豆は冷凍できます。茹で上がりにひとつまみの塩と好みの量の砂糖を加えれば、あんこにも。

09

09

金針菜の歯ごたえと彩りを楽しむ

金針菜とクコの実入り牛肉のうま味炒め

■材料

＜主な乾物＞

金針菜　20g

クコの実　大さじ2

乾物タイム

金針菜　戻す→ぬるま湯　約 20 分

クコの実　不要（調理せずに使う場合は、水や酒などに漬けて１分ほどおくと色がきれいになる）

＜その他の材料＞

牛小間切れ肉　100g

A［酢・酒・砂糖・ゴマ油各小さじ１、にんにくすりおろし１かけ分］

小松菜　70g →長さ４cm に切る

片栗粉　大さじ１

油　適量

B［醤油大さじ 1.5、オイスターソース大さじ 1.5］

ゴマ油　少々

■作り方

①牛肉は食べやすい大きさに切り、Aをもみ込むように混ぜる。

②中華鍋にゴマ油を熱し、片栗粉をまぶした①を炒める。色が変わったら、水気を絞った金針菜を加え、炒める。

③クコの実、小松菜を加えて炒めたら、Bを鍋肌から回しかけるように加えて調味し、ゴマ油をひとたらしする。

金針菜

ユリ科のヤブカンゾウのつぼみ。中国料理でよく使われます。炒め物のほか、スープの具にも。

10

10

韓国料理に乾物の使い方を学ぶ！

芋がらとかんぴょう入り韓国風辛口スープ

■材料

＜主な乾物＞

芋がら　10g
かんぴょう　10g
スライス干し椎茸　5g
煮干し　3尾

乾物タイム

芋がら　茹でる→2～3分→水にさらす
かんぴょう　戻す＆茹でる
　水洗いして塩少々をふり、よくもむ→塩を洗い落として 10 分ほど茹でる
スライス干し椎茸・煮干し　不要（煮干しは頭と内臓を取る）

＜その他の材料＞

牛細切れ肉　150g
赤唐辛子　1/2 本
A［コチュジャン大さじ 2.5、醤油 50cc、砂糖大さじ 1、にんにくすりおろし大さじ 1/2、白すりゴマ大さじ 1、韓国産粉唐辛子小さじ 2］
にんにく　1/2 かけ→みじん切り
長ねぎ　1/2 本→斜め薄切り
人参　1/4 本→短冊切り
小大豆もやし　50g
ニラ　1/2 束→長さ 4cm に切る
水　700cc
塩　適量
ゴマ油　少々

＊小大豆もやしのひげ根は、取っても取らなくてもかまいません。

■作り方

①戻した芋がらとかんぴょうは 4cm 程度のざく切りにする。
② A の材料をボウルにあわせ、半量を牛肉にもみ込むように混ぜる。
③鍋にゴマ油をひき、にんにくと赤唐辛子を入れ、弱火で香りをたてたら、②を加えて強火で炒める。
④肉の色が変わったら、①、長ねぎ、人参を加えて炒め、残りの A を加え、炒め合わせる。
⑤スライス干し椎茸と煮干しと水を④に加え、沸騰したらアクをとりながら中弱火で 10 分煮る。
⑥小大豆もやしとニラを加えて、ひと煮立ちさせ、塩で味を調える。

芋がら

里芋の茎から作られ、割菜《わりな》、ずいきとも呼ばれます。和風の煮物のほか、炒め物やスープにも。シコシコ、シャキシャキ、ブニュとした食感を添えてくれる乾物です。

11

11

豆腐とは別物のおいしさ。ジュワッと広がる辛さとうま味

高野豆腐の麻婆

■材料

＜主な乾物＞

高野豆腐(重曹を加えてあるもの)　２枚

乾物タイム

高野豆腐　戻す→水　約 30 秒

＜その他の材料＞

牛ひき肉　100g

A［生姜・にんにくみじん切り各小さじ１、長ねぎみじん切り大さじ２、トウチ大さじ 1/2、豆板醤大さじ１］

B［鶏ガラスープ 100cc、紹興酒(なければ日本酒)大さじ 1/2、醤油大さじ 1/2、オイスターソース大さじ 1/2、甜麺醤《テンメンジャン》大さじ 1/2］

米粉　大さじ１(水大さじ２で溶く)

ゴマ油　少々

花椒粉《ホワジャオフェン》　小さじ 1/2

油　適量

高野豆腐

現在売られている高野豆腐の多くは、数十秒で戻る手軽さ。スープや炒め物、鍋の具など、うま味を吸う性質を利用して、さまざまな料理に活用を。

■作り方

①戻した高野豆腐は 1.5cm 角に切って３分ほど茹で、ざるにあげて水気をきっておく。

②中華鍋にゴマ油をひき、Ａを入れて、弱火で香りがたつまで炒める。

③②に牛ひき肉を加えて中火で炒め、肉の色が変わったら、①を加えてさっと炒める。

④③にＢを加えて５分ほど煮たら、水溶き米粉でとろみをつけ、ゴマ油をひとたらしし、花椒粉をふる。

＊重曹を使わない伝統的な製法による高野豆腐の場合は、ぬるま湯に 10 分ほどつけてから、てのひらにはさんで、濁った水が出なくなるまで押し洗いが必要です。

＊甜麺醤は中国の甘味噌。小麦に塩と麹を加え、発酵させて作ります。北京ダックのタレや回鍋肉などにも使われます。花椒粉は中国山椒(＝花椒)の実を粉にしたもの。しびれ感が特徴で、本場・四川省の麻婆豆腐に欠かせません。

12

12

沖縄ではポピュラーな、かんぴょうを使ったお惣菜

かんぴょうイリチー

■材料

＜主な乾物＞

かんぴょう　20g

スライス干し椎茸　10g

すき昆布　1g

乾物タイム

かんぴょう　戻す＆茹でる

　水洗いして塩少々をふり、よくもむ→塩を洗い落として10分ほど茹でる

スライス干し椎茸　戻す→水　10分

すき昆布　不要

＜その他の材料＞

豚小間切れ肉　50g

油　適量

A［酒大さじ1、みりん大さじ3、醤油大さじ2］

鰹節　2g

水　適量

■作り方

①鍋に油をひき、豚肉を中火でよく炒める。

②戻して長さ4cmに切ったかんぴょうとスライス干し椎茸、すき昆布を加え、ひと炒めする。

③Aと鰹節、スライス干し椎茸の戻し汁、ひたひたの水を加え、汁気がなくなるまで炒り煮する。

＊イリチーは沖縄の調理法で、炒り煮の意味です。かんぴょうといえば煮物が定番ですが、サラダや和え物、中華風炒め物のほか、ガーリックオイルで炒めてもおいしく食べられます。

かんぴょう

夕顔の実をひも状にして乾燥させたもの。最近は、塩揉みをせず、水で戻しただけで使えるものも売られています。多く戻した場合は、冷凍保存もOK。

13

13

しっかりした食感が、食パンで作るのとは別のおいしさ

車麩のココナッツ風味フレンチトースト

■材料

＜主な乾物＞

車麩　4枚

乾物タイム

車麩　戻す→水　30分

（長く戻しても溶けないので、一晩おいても可）

＜その他の材料＞

A［卵1個、牛乳大さじ3、砂糖大さじ1］

バター　大さじ1

メープルシロップ　適量

ココナッツパウダー　大さじ2

■作り方

①戻した車麩は、てのひらにはさんで押して水をよくきり、Aをよく混ぜた中に15分ほど浸す。

②フライパンにバターを溶かし、①の両面を焼き色がつくまで弱火でじっくり焼く。

③メープルシロップをかけ、ココナッツパウダーをふる。

＊車麩は、水で戻してから漬け汁に漬けたほうがふっくらと戻りますが、いきなり漬け汁に漬けて戻しながら味をつける方法もあります。この場合、戻すのに4～5時間かかりますが、弾力が残ります。お好みでどうぞ。

車麩

他の麩に比べて食感がしっかりしており、煮ても型くずれしません。だしの含みもよく、柔らかい肉のような食感も味わえるため、すき焼きや煮物に加えると美味。カレーとの相性もよいです。

14

14

デーツの甘みがシチューの味に深みを加える

羊肉とデーツのモロッコ風シチュー

■材料

＜主な乾物＞

デーツ　8個

干しなす　6枚

乾物タイム

不要

＜その他の材料＞

羊肉　200g

玉ねぎ　1/2個→薄切り

オリーブオイル　適量

A［トマト3個→ざく切り、塩小さじ1、オールスパイスパウダー小さじ1、シナモンスティック1/2本］

＊デーツはナツメヤシの果実。北アフリカや中東で広く食べられています。ない場合は、プルーン6個に替えてください。また、気になる人は、食べる時にシナモンスティックを取り出してください。

■作り方

①鍋にオリーブオイルをひいて、玉ねぎを色が変わるまで中弱火で10分ほど炒める。

②①に食べやすい大きさに切った羊肉と干しなすを加えて、中火で炒める。

③羊肉の色が変わったら、Aを加えて蓋をして、弱火で30～40分ほど煮る。

ドライフルーツ

プルーンやデーツなどは煮込むことで甘みやコクを加えてくれるので、シチューにおすすめ。炒め物のアクセントやサラダのトッピングにもどうぞ。

15

15

コーヒーやお酒とあうエキゾチックなおとな味

小豆とチョコの
スパイスケーキ

■材料(容量約600ccのパウンド型1台分、今回使ったのは5.5×27×4cmのスリム型)

＜主な乾物＞

小豆　70g

ドライクランベリー　40g

乾物タイム

小豆　茹でる→約30分

洗った小豆を水から火にかけ、沸騰して数分したら湯を捨てる。もう一度水を加えて火にかけ、柔らかくなるまで30分ほど煮る。指でつぶせるくらい柔らかくなったら、小豆の8割ほどの重さの砂糖とひとつまみの塩を加えて、ひと煮する。70gを茹でると約200gになる。

ドライクランベリー　不要

このケーキは、甘みだけではなく、苦みやかすかな酸味、そしてスパイス類の香りなど複雑な味わいが特徴です。

＜その他の材料＞

A［米粉150g、ココアパウダー大さじ3、ベーキングパウダー小さじ1、砂糖大さじ2］

B［牛乳100cc、生クリーム50cc、茹でた小豆200g、ブランデー大さじ1、植物油50cc、ナツメグパウダー小さじ1/2、シナモンパウダー小さじ1、チョコチップ40g］

■作り方

①Aをあわせ混ぜる。

②Bを①に加え、よく混ぜる。

③②にドライクランベリーを加えて混ぜたら、油(分量外)を塗り、米粉(分量外)をはたいた型に流し入れ、180度のオーブンで約40分焼く。

＊クランベリーは、鮮やかな赤い色で、酸味があるベリー。ドライクランベリーが手に入らなければ、レーズンや刻んだオレンジピールでもOK。

●乾物 Report●
慶応義塾大学大学院との共同プロジェクト

DRY and PEACE —— 乾物の普及をめざして

慶應義塾大学大学院システムデザイン・マネジメント研究科の産学協同プロジェクト「ALPS2011」のテーマのひとつとして、乾物の普及をめざす「DRY and PEACE」が採択されました。このプロジェクトにはさまざまな分野があり、学生は好きなテーマを選べるにもかかわらず、蓋をあけてみたら、料理をしない男性ばかり５名がメンバー。

それでも半年間に、さまざまな人たちへのインタビューや売り場の調査などを行い、さらに実際に乾物料理を自分たちでも作りました。学生対象にアンケート調査をしたところ、「乾物って化学調味料の替わりでしょ？」という意見まであって、とても驚いたとか。乾物についての誤ったイメージをどう払拭するのかがまずはキーとの認識から、プロジェクトを進めていきました。

最終発表では、若者たちらしく、乾物を暮らしのなかでいかにスタイリッシュに使うかという視点から、いろいろ提案。冷蔵庫にマグネット装着できるCDケースの形状の保存容器、乾物を戻すための専用容器、QRコードで戻し方や料理レシピがすぐに検索できるシステムの開発などの提案がありました。

プロジェクトを終えての感想

「乾物は21世紀の食のイノベーションの源泉ですね」（担当教授）

「乾燥させたことによる軽さと保存性をどう利用し、いかにおいしく活用するか。乾物を自在に使いこなせる人は魅力的だと思う」

「乾物のある生活は、本当はシンプルで、ヘルシー、そしてとってもお洒落」

「自分の食生活を見直すきっかけともなり、乾物料理の種類の豊富さ、一つ一つの食材を活かした乾物ならではの味をあらためて知ることができました」

「乾物の古臭いイメージが変わりました。自分の食生活に積極的に取り入れて、ヘルシーでおいしく楽しい食生活へシフトしていきたいと思います」

乾物は
面倒じゃない！

乾物は戻すのに時間がかかると思い込んでいませんか？

レンズ豆や打ち豆のように、戻し不要で、火が通るまで 15 分もあればよい豆もあります。庄内麩やスライスした干し椎茸など、そのまま汁やスープに入れればあっという間に火が通る食材もたくさん。クコの実や乾燥しらたきなど、下準備不要の乾物だって少なくありません。常温で長期間保存できる乾物は、買いものに出かけられない日に大活躍。現代の暮らしの心強い味方です。

17

16

レンティル(レンズ豆)

世界各地でスープ、サラダ、ピラフ、付け合わせなどに幅広く使われています。レッドは皮をむいてあるので、火の通りが早く便利ですが、味に深みがあるのはブラウンです。また、平たくない濃緑色のグリーンレンティルは、フランスなどを中心に味のよさで人気があります。いずれも戻しは不要です。

16

乾燥豆と米を一緒に炊いた、
豆のうま味たっぷりご飯

ブラウンレンティルと発芽玄米の中近東風ピラフ

■材料＜主な乾物＞
ブラウンレンティル　1/2 カップ
発芽玄米　1.5 合

乾物タイム
不要（発芽玄米は水につけず、とがない）

＜その他の材料＞
クミンシード　小さじ 1
シナモンスティック　1/2 本
玉ねぎ　1/2 個→みじん切り
水　2カップ
塩　小さじ 1
油　適量

■作り方
①ブラウンレンティルは水でさっと洗う。
②油とクミンシード、シナモンスティックを鍋に入れ、弱火で香りがたつまで炒める。
③玉ねぎを加えて中火で炒め、透き通ったら、ブラウンレンティルと発芽玄米を加え、さらに全体に油が回る程度に5分ほど炒める。
④水と塩を加え、蓋をして中弱火で 15 分程度炊いたら火を止め、そのまま 10 分蒸らす。

＊15 分炊いたところで固さを確認して、芯があるようだったら、さらに数分炊いてください。
＊蓋がぴっちり閉まらなかったり、火が強すぎたりすると、水分が早くなくなります。その場合は、お湯を少量加えて調整してください。
＊②の後、水と塩とともに炊飯器に入れて炊き上げてもよいです。

17

戻し不要のレンズ豆を使えば、
こんなスープもすぐできる

レッドレンティルのスープ

右：ブラウンレンティル
左：レッドレンティル

■材料＜主な乾物＞
レッドレンティル
　1/4 カップ

乾物タイム
不要

＜その他の材料＞
にんにく　1/2 かけ→みじん切り
生姜みじん切り　小さじ 1/2
玉ねぎ　1/4 個→粗みじん切り
人参　1/2 本→粗みじん切り
赤パプリカ　1/8 個→粗みじん切り
チキンストック　2カップ
塩・コショウ　各少々
レモン汁　小さじ 1
サワークリーム　大さじ 1
パセリ　少々→みじん切り
油　少々

■作り方
①レッドレンティルは水でさっと洗う。
②油、にんにく、生姜を鍋に入れ、弱火で香りを出す。
③②に玉ねぎ、人参、赤パプリカを加え、しんなりするまで中火で炒める。
④③にチキンストックとレッドレンティルを加え、沸騰したら蓋をして、柔らかくなるまで弱火で 30 分ほど煮る。
⑤④をフードプロセッサーでなめらかにし、塩・コショウ、レモン汁で味を調える。
⑥⑤を器に盛り、サワークリームを加え、パセリを散らす。

18
19

18

大豆をつぶしているから、
短い時間で火が通る

打ち豆の
バター炒め

■材料

＜主な乾物＞

打ち豆(大豆と青大豆あわせて)　30g

乾物タイム

不要

＜その他の材料＞

バター　大さじ2

水　大さじ3

塩　適量

黒コショウ　たっぷり

■作り方

①打ち豆は水でさっと洗う。

②フライパンにバターを溶かし、①を炒めたら、水を加え、蓋をして弱火で10分ほど煮る。

③豆が柔らかくなったら蓋を取り、水をとばすように炒め、塩と黒コショウで調味する。

打ち豆

打ってつぶしてあるから火の通りが早い大豆のこと。戻しも不要。味噌汁や煮物、炒め物、シチューに。茹でて酢の物やサラダにも使えます。

19

大豆とバルサミコ酢の相性に驚く

打ち豆と
ごぼうの
バルサミコ
ソテー

■材料

＜主な乾物＞

打ち豆(大豆と青大豆あわせて)　30g

乾物タイム

不要

＜その他の材料＞

ごぼう　1/2本→ささがき

オリーブオイル　適量

A［醤油大さじ1、バルサミコ酢大さじ1、砂糖大さじ1/2、粒マスタード小さじ1/2］

パセリ　少々→みじん切り

■作り方

①フライパンにオリーブオイルをひき、ごぼうと打ち豆を中弱火で炒めて火を通す。

②Aで調味し、パセリを散らす。

20
21

20
切って炊き込むだけで
よそゆきご飯
干しダコご飯

■材料
＜主な乾物＞
干しダコ　70g
乾物タイム
不要

＜その他の材料＞
米　2合
酒　大さじ1

干しダコ
瀬戸内海を中心に食べられています。そのままあぶるほか、トマト味のシチューなどじっくりコトコト煮込む料理にも向いています。

■作り方
①米はといでおく。
②酒を加えて普通に水加減した米の上に、ハサミで食べやすい大きさに切った干しダコをのせて炊き上げる。

＊好みで塩やレモンを添える。

21
下ごしらえは不要
しみじみ干ししじみ飯

■材料
＜主な乾物＞
干ししじみ　50g
乾物タイム
不要

干ししじみ
お惣菜系煮物やカレーに加えると、しじみのだしがきいて美味。

＜その他の材料＞
米　2合
酒　大さじ1
万能ねぎ　適量→
　小口切り

■作り方
①米はといでおく。
②酒を加えて普通に水加減した米の上に、干ししじみをのせて炊き上げる。
③茶碗によそい、万能ねぎを散らす。

＊好みで塩やレモンを添える。

22

23

麩

小麦に含まれるタンパク質のグルテンが主原料。形や大きさはさまざま。うま味を吸うので、汁気のある料理に向きます。和風の煮物や鍋のほか、カレーにも。

22

あっという間のお手軽丼

庄内麩の玉子丼

■材料

＜主な乾物＞

スライス庄内麩　30g

スライス干し椎茸　10g

干しなす　6枚（アク抜きしていない黒い干しなすの場合は、2～3分茹でてから水洗いする）

乾物タイム

不要

＜その他の材料＞

A［だし汁1カップ、みりん大さじ4、醤油大さじ3］

長ねぎ　7cm→斜め薄切り

卵　2個

三つ葉　適量

ご飯　2膳分

■作り方

①Aを煮立てたら、庄内麩、干し椎茸、干しなす、長ねぎを加え、蓋をして弱火で、干しなすが柔らかくなるまで10分ほど煮る。

②溶き卵を流し入れ、刻んだ三つ葉をのせて蓋をして、中火で半熟に火を通し、ご飯の上にのせる。

23

麩と甘酢の相性にびっくり

油麩の甘酢和え

■材料

＜主な乾物＞

油麩　1/2本

干しわかめ　5g

菊のり　2g

乾物タイム

油麩　戻す→水　5分

干しわかめ　戻す→水　5分

菊のり　戻す→熱湯　かける

＜その他の材料＞

きゅうり　1/2本→薄切り

塩　少々

甘酢　大さじ5

■作り方

①きゅうりは塩もみし、2～3分おいて、しんなりしたら水気をよく絞る。

②戻した油麩は食べやすい大きさにちぎる。わかめはざく切りにし、菊のりは水気をよく絞る。

③①と②を甘酢で和える。

■甘酢の作り方

酢100cc、砂糖大さじ3、塩小さじ1、水大さじ2弱を鍋に入れ、沸騰したら火を止めて冷ます。多めに作って冷蔵庫に保存すると便利。1カ月ほどもつ。水の代わりに昆布を水に浸しておいた昆布水を使うと、ひと味アップ。

24

24

ピーナッツの濃厚な味と食感で素麺《そうめん》が変身

ピーナッツだれ素麺

■材料

＜主な乾物＞

素麺　４束(200g)

炒りピーナッツ　大さじ３→砕く

乾物タイム

素麺　茹でる→１～２分

＜その他の材料＞

A［長ねぎみじん切り大さじ１、ピーナッツバター大さじ3、醤油大さじ2、酢大さじ2、砂糖大さじ1、鶏ガラスープ大さじ3］

■作り方

①Aをよく混ぜてソースを作り、茹で上がった素麺を和える。

②①の上に炒りピーナッツをトッピングする。

＊好みで、戻した海藻類、白きくらげなどを加えても美味。

＊ナッツはそのままおつまみやトッピングとして食べるのが一般的ですが、ピラフに炊き込んだり、シチューなどに入れて煮たりするのも、おすすめです。ためしてみてください。

素麺

夏に冷たくして食べるイメージが強いですが、茹で時間が１～２分と短い便利さを利用して、温かい「にゅうめん」、沖縄で食べられている炒め物ソーメンチャンプルーなど、いろいろな食べ方を楽しめます。

25

25

フランスのカフェの定番メニュー

タブーレ

（クスクスとパセリのサラダ）

■材料

＜主な乾物＞

クスクス　1/4 カップ

乾物タイム

クスクス　戻す

容器にクスクスと同量の熱湯とオリーブオイル少々を加え、ひと混ぜしたら、蓋をして 10 分蒸らす。

＜その他の材料＞

A［トマト 1/2 個→さいの目切り、紫玉ねぎ 1/4 個→粗みじん切り、パセリの葉 15g →細かいみじん切り］

エクストラバージンオリーブオイル　大さじ 1/2

レモン汁　小さじ 2 強

塩　小さじ 1/4 弱程度

■作り方

戻して粗熱をとったクスクス、A をあわせてひと混ぜし、オリーブオイルとレモン汁、塩で調味する。

＊日本に入っているクスクスのほとんどは熱湯で蒸らすだけで食べられますが、中近東では、バラの精油を作る際に一緒にとれる蒸留水・ローズウォーターで蒸して食べるのが上等とされています。

クスクス

アラブ諸国やヨーロッパで食される世界最小のパスタ。サラダにするほか、具だくさんのスープをかけて食べることが多い。日本では、素材としてのクスクスも、スープをかけた料理も、クスクスと呼ばれています。

26

26

混ぜながら火を通すだけの簡単デザート

米粉のミルククリーム

■材料

＜主な乾物＞

米粉　25g

乾物タイム

不要

＜その他の材料＞

牛乳　250cc

砂糖　25g

カルダモンパウダー　適量

ピスタチオ　少々

■作り方

①米粉を牛乳で溶く。

②①に砂糖を加えて中火にかけ、木べらでかき混ぜながら、ぽってりするまで火を通す。

③カルダモンパウダーを加えて混ぜたら容器に移し、砕いたピスタチオを飾る。

米粉

うるち米の粉。上新粉の名前でも売られています。パン用などにグルテンを添加した製品も売られていますが、ここではうるち米 100%の米粉を使います。

＊温かいままでも、冷たく冷やしても、おいしいです。なかなかとろみがつかないように感じますが、固まりだすと早いので注意してください。雪平鍋など鍋底が丸いタイプのほうが、ムラなくかき混ぜることができるため隅が焦げにくく、便利です。

●米粉をもっと使おう

○**とろみづけに**：倍量程度の水で溶いて、片栗粉と同様に。

○**水で溶いて天ぷらの衣に**：氷水の必要はありません。かき混ぜすぎても、もたっとした衣になりません。小麦粉を使うより、簡単にカリッ、サクッとした天ぷらを作ることができます。

○**シチューやホワイトソースに**：米粉を３倍量程度の牛乳に溶かし、煮上がったシチューの具材に加えればホワイトシチュー、そのまま火にかければホワイトソースができます。小麦粉と違って、バターで粉を炒めたり、牛乳を加えるときにダマになることを気にせずにすみます。また、バターなしでも作れるので、カロリーが低く抑えられます。

乾物をもっと気軽に！ 27

ここにあげる乾物は、基本的に下ごしらえなしで、戻さずに使えるもの。乾燥しているからこその、生にはない食感が味わえます。また、乾かすことによって、食材に新たな風味が加わったり、香りが強くなったりもします。乾物のちょこっと使いの達人になって、ふだんの料理にバリエーションを加えてみませんか。

とくに香りを加える乾物に、スパイスや乾燥ハーブ類があります。ほんの一ふりで料理の仕上がりを異国風に変えてくれるので、積極的に使ってみましょう。

食感が楽しい乾物

■カリッ → アーモンド、カシューナッツ、カボチャの種、くるみなどナッツ類
　ポワブルロゼ(ピンクペッパー)
■カリカリ → クルトン、じゃこ、ベーコンビッツ
■サクッ → 桜えび、ドライドオニオン
■とろり、ふわっ → おぼろ昆布、とろろ昆布
■パリッ → 桜えび、たたみいわし、のり
■プチプチ → ケシの実、ゴマ

彩りがきれいな乾物

■赤系 → クコの実、クランベリー、桜えび、干し杏、ポワブルロゼ(ピンクペッパー)
■黄系 → 菊のり、ゴールデンレーズン
■黒系 → 黒ゴマ、ココアパウダー、焼きのり
■白系 → ココナッツシュレッド(せん切りココナッツ)、ココナッツパウダー
■緑系 → 青のり、グリーンレーズン

香り

■甘い → ドライフルーツ類
■磯 → 青のり、おぼろ昆布、鰹節、昆布、潮吹き昆布、のりなど海藻類
■エキゾチック → スパイス類
■香ばしい → ゴマ、ナッツ類、ベーコンビッツ
■さわやか → 乾燥バジル、乾燥ミント

桜えびとのり入り

ちょこっと使い・1

卵焼きいろいろ

桜えびやのりをはじめとして、青のり、おぼろ昆布、鰹節、じゃこなど、戻さずに使える乾物を卵に焼きこめば、朝食やお弁当のバリエーションが生まれます。

ちょこっと使い・2

ちょっと変わったおにぎり

菊のりと塩のおにぎり（写真左）
菊のりは熱湯をかけて戻し、水気を絞ったら、ご飯に混ぜ込み、手に塩をつけて握る。

ドライドトマトの醤油漬けのおにぎり（写真右）
ドライドトマトは柔らかくなるまで 20 分ほど水で戻し、水気を絞ったら、細かく刻んで醤油に漬け、ご飯に混ぜ込み、握る。

じゃこ、鰹節、ゴマなども、もちろんおいしい。

ちょこっと使い・3

お浸し

ひと味足りない時に、おぼろ昆布や鰹節を
菊のりで色あいをプラス
もみのりのトッピングも

お刺身サラダ

ちょこっと使い・4

サラダのトッピングに

ナッツで歯ごたえと香ばしさを
ドライフルーツで甘みや食感、色合いを豊かに
のりや鰹節で風味をプラス
ベーコンビッツも風味や食感が増します
クルトンは食感はもちろんボリュームもプラス

チキンクリームシチュー

ちょこっと使い・5

煮込み料理のトッピングに

シチューやスープに、スライスアーモンドやクルトンで香ばしさと食感のアクセントをプラス
乾燥パセリで色をプラス
チゲ鍋に糸唐辛子をトッピング

ちょこっと使い・6

カレーのトッピングに

定番のレーズンやスライスアーモンド
ドライフルーツの甘みがカレーの辛さに奥行きをプラス
ドライドオニオンが食感をプラス
フライドガーリックは香りと食感をプラス

菊のり入り豆腐とわかめの味噌汁

ちょこっと使い・7

汁物の吸い口に

味噌汁に、乾燥ねぎ、三ツ葉、菊のり、柚子、七味唐辛子などで色合いと香りをプラス
すまし汁に、菊のりやおぼろ昆布、とろろ昆布を加えて

ちょこっと使い・8

デザートのトッピングに

アイスクリームやムース、ヨーグルトなどにナッツやドライフルーツで、色合いや食感とともに、見た目の楽しさをプラス

すき昆布入り白菜の浅漬け

ちょこっと使い・9

漬物に

昆布類でうま味をプラス
菊のりやクコの実で彩りをプラス
鷹の爪(乾燥赤唐辛子)を加えると漬物に味のキレがプラス
コリアンダーシードを入れるとマリネの味がしまる
キャラウェイシードが入るとピクルスも一味アップ
たたききゅうりに花椒を加えると中華風の味わいに

アグリスタイル

給食や直売所にもっと乾物を

鹿児島県指宿《いぶすき》市でオクラやスナップエンドウなどを育てる(株)アグリスタイル。若い仲間が集まって起業しました。野菜だけでなく、野菜パウダーや、野菜パウダーを練り込んだ麺類の販売も手がけています。

代表の湯ノ口貴之氏は、「野菜パウダーは経営安定に役立っています」と断言。加工品販売の利点を、以下のように話しました。

「メリットは4つです。まず、台風の時期にも安定して販売できます。次に、賞味期限が長いため、ロスが減ります。そして、地域の特産品であるオクラやスナップエンドウを乾物や乾物利用の加工品にしているので、行政やメディアとのかかわりが増えました。それ自体が付加価値のひとつです。そして、従来は捨てるしかなかった規格外の野菜や、価格が10分の1くらいに暴落してしまうときさえある最盛期の野菜を有効利用できるので、新たな利益が生み出せます」

最近は、学校給食の地場産比率をアップしようという動きが広がってきました。そのなかで、年間を通じた安定供給につなげるために、乾物を採用する学校も各地で増えています。

また、乾物は大きな設備投資をせずに、農家で加工できます。消費者が手に取りやすいように、手軽な使い方の提案やパッケージの工夫をして、直売所や道の駅などで販売すれば、生産者の所得向上につながるきっかけになるかもしれません。

段取る力で
調理はラクに

スルメや多くの豆類、すきみ鱈など時間をかけて戻す必要がある乾物や、短時間で戻す方法はあっても、じっくり時間をかけて戻したほうがずっとおいしくなる干し椎茸のような乾物もあります。とはいえ、ずっとつきっきりで手をかけなければいけないわけではなく、ただ水につけておくだけなど、手間は不要。時間を先取りすれば、おいしい生活が手に入ります。

28

28

鶏肉よりも一晩かけて戻した干し椎茸が主役

ドンコ・オー・ヴァン

（干し椎茸と鶏肉の赤ワイン煮）

■材料

＜主な乾物＞

干し椎茸（どんこ）　5枚

乾物タイム

干し椎茸（どんこ）　戻す→水　冷蔵庫で一晩

＜その他の材料＞

鶏手羽元　500g（10本）

にんにく　1かけ→みじん切り

玉ねぎ　1/2個→みじん切り

人参　10cm（1/3本）→粗みじん切り

セロリ　40g→みじん切り

バター　大さじ2

赤ワイン　500cc

干し椎茸の戻し汁　50cc

塩　小さじ1/2

コショウ　少々

米粉　大さじ3（倍量の水で溶く）

■作り方

①鍋にバターを入れ、鶏手羽元を焼き色がつくまで中火でじっくり焼いて、取り出す。

②①の鍋に、にんにくと玉ねぎ、人参、セロリを加え、甘みが出るまでじっくり炒める。

③②に①の鶏を戻し、赤ワインと戻した干し椎茸、戻し汁を加え、沸騰したら蓋をして弱火で40分ほど煮込む。

④塩・コショウで味を調え、水溶き米粉でとろみをつける。

干し椎茸

どんこは、干し椎茸のなかでも肉厚で丸みのあるタイプ。薄手でかさが開いたものは香信《こうしん》と呼ばれています。じっくり戻すと食感も味もグレードアップ。すぐに戻るスライス干し椎茸と、状況によって賢く使い分けを。

29

コリコリ、ポリポリの
食感を楽しんで

山くらげの黒酢和え

■材料

＜主な乾物＞

山くらげ　30g

乾物タイム

山くらげ　戻す→水　3時間

＜その他の材料＞

黒酢　小さじ1

醤油　小さじ1

■作り方

戻した山くらげは長さ4cmに切り、黒酢と醤油で和える。

＊この料理は、戻すだけで火を使いません。山くらげのほかにも、切り干し大根、ワカメやヒジキなどの海藻類、きくらげ、湯葉など、戻すだけでサラダや和え物などに使える乾物がいろいろあります。

山くらげ

ステムレタス（茎チシャ）の茎の部分を細長く切って干したもの。和え物やサラダ、炒め物などに幅広く使えます。

30

戻しさえすれば、
たった 15 分の豆料理

フェンネル風味のひたし豆

■材料

＜主な乾物＞

青大豆　1/2 カップ

乾物タイム

青大豆　戻す→水　一晩

＜その他の材料＞

水　適量

塩　適量

フェンネルシード　10 粒

■作り方

戻した青大豆をひたひたの水に入れ、塩少々とフェンネルシードを入れて火にかける。沸騰したら弱火にして、15 分ほど茹でて火を止める。

＊温かいままでも冷めても、おいしい。

＊青大豆は秘伝豆、ひたし豆などの名称で売られていることもあります。

フェンネルシード

セリ科のウイキョウの種を乾燥させたスパイスです。乾燥豆を茹でる時に加えたり、西洋ではピクルス、魚料理や肉の煮込みなどによく使われます。消化を助けるはたらきがあると言われ、インドでは食後にそのまま食べることも多いです。

31

31

衣をつける手間なし、豆を茹でる必要もなし

大豆のエジプト風コロッケ

■材料

＜主な乾物＞

大豆　1/2カップ（約80g）

乾物タイム

大豆　戻す→水　6〜8時間

＜その他の材料＞

A［にんにくすりおろし1/2かけ分、クミンパウダー・コリアンダーシードパウダー各小さじ1/2、香菜2株（15g）→みじん切り］

塩・コショウ　各少々

揚げ油　適量

レモン　適宜

■作り方

①戻した大豆の水気をきり、フードプロセッサーで細かくする。

②Aと塩・コショウを加え、フードプロセッサーでさらによく混ぜる。

③②をピンポン玉程度の大きさに丸め、ぐっと握って形を整えたら、そのまま中温（160度）の油で火が通るまで揚げる。

④好みでレモンを添える。小松菜ソースをかけてもよい。

■参考レシピ

小松菜ソース

■材料

小松菜　100g→粗みじん切り

にんにく　少々→みじん切り

白練りゴマ　大さじ1

塩小さじ　1/2

コショウ　少々

オリーブオイル　大さじ2.5

■作り方

①オリーブオイル大さじ1をひいたフライパンににんにくを入れて弱火で香りをたてたら小松菜を入れ、蓋をして蒸し煮にする。

②小松菜が柔らかくなったら、白練りゴマと塩・コショウ、残りのオリーブオイルとともに、フードプロセッサーにかける。

32

32

主役は昆布だし？というほどのうま味

昆布だしの湯豆腐

■材料

＜主な乾物＞

昆布（日高、利尻など）　5cm 角

乾物タイム

昆布　戻す→水 500cc　一晩

＜その他の材料＞

絹ごし豆腐　1丁

青柚子の皮　少々

七味唐辛子　少々

■作り方

①戻した昆布を鍋に入れ、食べやすい大きさに切った豆腐をのせたら、昆布の戻し汁（昆布だし）をはり、火にかける。

②沸騰したら弱火にして、豆腐が中まで温まるように火を通す。

＊生醤油、ポン酢など好みの味付けで。柚子の皮のせん切り、七味唐辛子、ねぎなどを添えてください。

＊昆布は、水に入れてすぐにだしを取り始める人が多いかもしれません。でも、一晩おくとじっくりだしが出て、格段においしくなります。空き瓶などに昆布と水を入れ、冷蔵庫に保存しておけば、いつでも昆布だしが楽しめます。

昆布

昆布のほとんどは北海道で採れたもの。真《ま》昆布、羅臼昆布、利尻昆布は、だし汁に向いています。日高昆布は早く柔らかくなるので、煮物向きです。

加工品もいろいろ。細かく切った刻み昆布は煮物に、一度火を通してあるすき昆布は戻りも早いので炒め物などに向いています。おぼろ昆布やとろろ昆布は、昆布を酢に漬けてから薄く削って作ったもの。生で食べられるので、おにぎりを巻いたり、おひたしのトッピングや即席汁物に。

33

スルメ

スルメイカ、ケンサキイカ、ヤリイカなどを干して作ります。水で戻して煮物に使うだけでなく、トマト煮やカレーの具にも。また、漬物に使ったり、火であぶってそのまま食べるのも美味。さらに、戻した汁もよいだし汁になります。戻したスルメを刻んで具にして、戻し汁でご飯を炊くのも、おすすめです。

33

生のイカとは違う締まった食感は、炒め物で本領発揮

戻したスルメとセロリの炒め物

■材料

＜主な乾物＞

スルメ　半身

乾物タイム

スルメ　戻す

重曹小さじ 1/2 を入れた 500cc の水に一晩つける

＜その他の材料＞

セロリ　1 本→斜め薄切り

ナンプラー（タイの魚醤）　大さじ 1

オイスターソース　大さじ 1

油　少々

■作り方

①戻したスルメは幅 7 mm に刻み、セロリとともに油で強火で炒める。

②セロリの色が鮮やかに変わったら、ナンプラー、オイスターソースで味を調える。

＊肉厚のスルメがおすすめ。重曹入りの水で戻すと、水だけよりも生に近い風味になります。

＊ナンプラーの代わりに、醤油、ベトナム産のニョクマムや日本の魚醤でもよい。

イカの皮の乾物

海産物は生でもだしが出ますが、乾物にすることで、風味がより強くなります。山形県などでは、こんにゃくを煮る時に、イカの皮の乾物を入れる習慣があります。

34

豆は発芽させると、
あっという間に火が通る

発芽豆の塩炒め

■材料

＜主な乾物＞

豆各種　あわせて１カップ

乾物タイム

豆　発芽させる

１時間ほどひたひたの水に浸したら、ぬれても破れないキッチンペーパーか皿を敷いたざるの上にあける。朝晩水をかけて常温で２日。

＜その他の材料＞

塩・コショウ　各少々

油　適量

■作り方

発芽させた豆の水をきり、油をひいたフライパンで中火で５分ほど炒めて火を通し、塩・コショウで味を調える。

豆は生きている

豆は乾いていて一見命がないように見えますが、実は生きていて、水につけると植物の種と同じように発芽します。半分に割ったスプリットピー類(エンドウ豆)、潰した打ち豆、皮をむいたレンティルなどは、水につけても発芽しません。発芽した豆は、さっと塩茹でしてサラダに加えてもおいしいです。

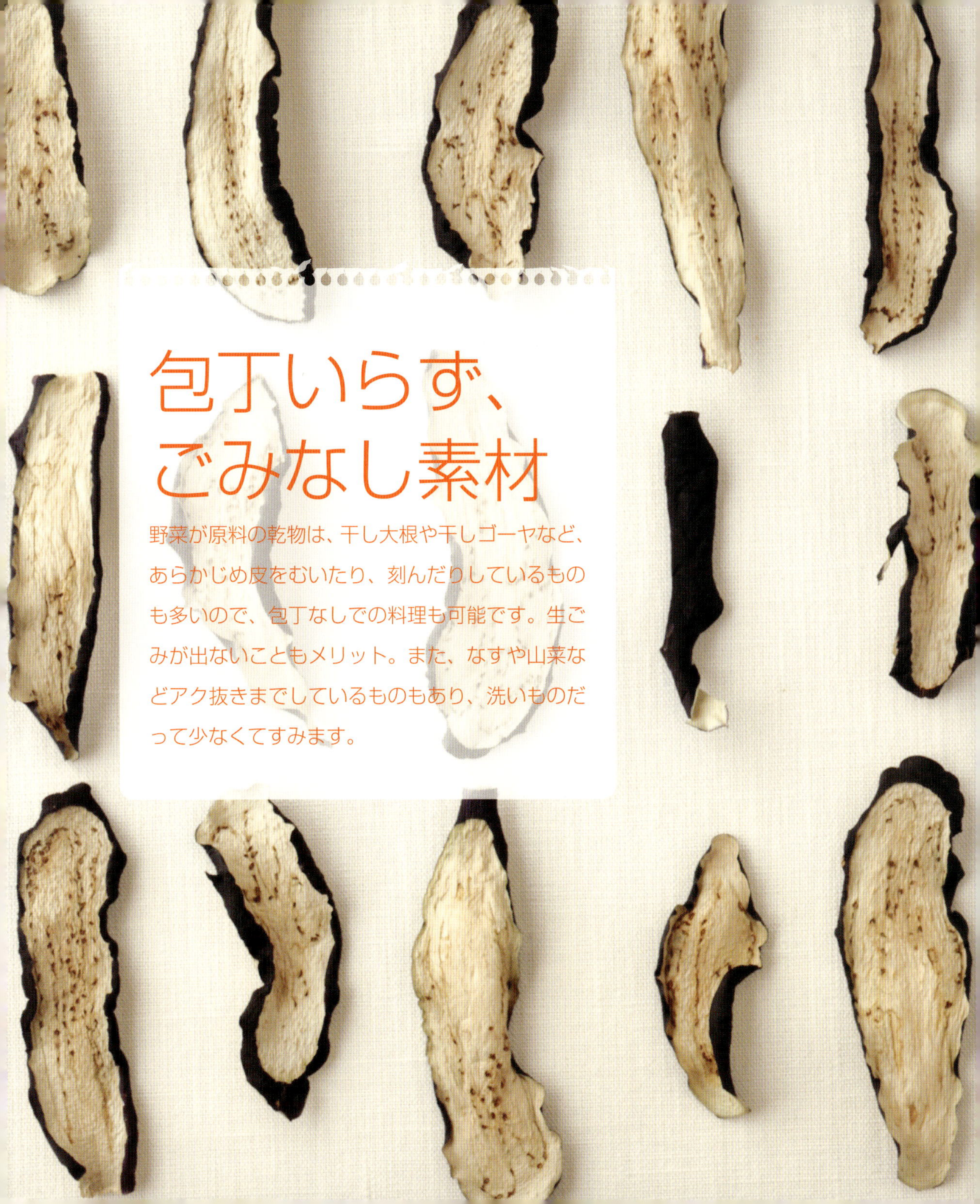

包丁いらず、ごみなし素材

野菜が原料の乾物は、干し大根や干しゴーヤなど、あらかじめ皮をむいたり、刻んだりしているものも多いので、包丁なしでの料理も可能です。生ごみが出ないこともメリット。また、なすや山菜などアク抜きまでしているものもあり、洗いものだって少なくてすみます。

35

35

自家製ゴーヤでチャレンジも？

干しゴーヤのチャンプルー

■材料

＜主な乾物＞

干しゴーヤ　10g

スライス干し椎茸　5g

乾物タイム

干しゴーヤ　戻す→水　10分

スライス干し椎茸　戻す→水　10分

＜その他の材料＞

豚小間切れ肉　50g

焼き豆腐　1/2丁

酒　小さじ1

鰹節　ひとつかみ

塩　小さじ1/2

醤油　大さじ1/2

油　適量

■作り方

①油をひいたフライパンで、食べやすく切った豚肉を色が変わるまで炒めたら、戻して水をきった干しゴーヤ、干し椎茸、焼き豆腐、酒を加えて、炒め合わせる。

②①に鰹節を加え、塩と醤油で味を調える。

＊ゴーヤは干すことで苦みが薄らぐのか、生から料理したものより食べやすいという人が少なくありません。ゴーヤは苦手という人も、ぜひ試してみてください。

干しゴーヤ

ゴーヤを薄切りにして干したもの。すぐに水で戻るので、手軽に使えます。一回り大きくなり、しんなりするまで10分ほど。長く戻しすぎないほうが、おいしい。戻さず炒って、ゴーヤ茶として楽しむのもよいでしょう。

36

36

生とは違う歯ごたえが新鮮

干し竹の子のピリ辛うま煮

■材料

＜主な乾物＞

干し竹の子　15g

きくらげ　3g

乾物タイム

干し竹の子　茹でる→水から
　沸騰したら火を止め、そのまま一晩おく。

きくらげ　戻す→水　10分

＜その他の材料＞

鶏もも肉　100g

A［醤油・酒各小さじ1/2］

こんにゃく　50g

豆板醤　小さじ1/2

にんにく　1/2かけ→みじん切り

油　適量

B［鶏ガラスープ100cc、紹興酒・日本酒各大さじ1/2（なければ日本酒大さじ1）醤油大さじ1弱］

片栗粉　小さじ1（水大さじ1で溶く）

ゴマ油　少々

■作り方

①鶏肉は一口大に切り、Aで下味をつける。

②こんにゃくは食べやすい大きさに切り、5分ほど茹でる。

③中華鍋に油を熱し、鶏肉をよく炒め、焼き色がついたら取り出す。

④③の鍋に油を足して弱火にし、豆板醤とにんにくを加えて香りをたてる。

⑤③の鶏肉、戻して一口大に切った干し竹の子ときくらげ、②、Bを加えて、10分ほど強火で煮詰める。

⑥水溶き片栗粉でとろみをつけ、鍋肌からゴマ油をたらす。

干し竹の子

九州でよく食べられています。写真のように大きく切ってあるもののほか、細く切ったものもあります。茹でてから、切って干してあるので、ごみが出ません。市販の茹で竹の子にはない、身がつまった、しっかりした食感があります。

37

37

干しなすと生なすの食感が一皿に

干しなすと生なすのアラビアータ

■材料

＜主な乾物＞

干しなす　8枚

リングイネ　200g

乾物タイム

不要

＜その他の材料＞

にんにく　1/2 かけ→みじん切り

赤唐辛子　1本

ベーコン　30g

なす　1/2 本→乱切り

白ワイン　大さじ1

トマト缶詰　1缶（400g）

塩・コショウ　各少々

オリーブオイル　適量

■作り方

①オリーブオイルとにんにく、赤唐辛子、刻んだベーコンを鍋に入れて、弱火で香りをたてる。

②さっと水洗いした干しなすとなすを①に加え、中火で炒める。

③白ワインをふり、缶詰のトマトを加え、蓋をして 15 分ほど煮る。

④干しなすが柔らかくなったら、塩・コショウで味を調え、茹でたリングイネを和える。

干しなす（なす干し）

山形ではなす干しといい、伝統食材として知られています。汁物や煮物にはそのまま使い、炒め物には水から入れて沸騰させ、火を止めたら、冷めるまでおいてください。色が黒いものはアク抜きをせずに乾物にしているケースが多く、汁物などに入れると黒くなります。気になるなら、茹でてから水で洗ってください。

38

ライスペーパー

米を水につけ、その水とともにゆるい液状にしたものを薄く広げて蒸したあと、乾燥させて作ります。日本ではタイ製とベトナム製が出回っています。ベトナム製のほうが薄いのが特徴です。ベトナム製なら、ぬれた手でさっとなでて水をなじませるだけで戻せます。

38

菊のりの色を活かして

菊のりと刺身の生春巻き

■材料

＜主な乾物＞

菊のり　適量

生春巻きの皮（ライスペーパー）　４枚

乾物タイム

菊のり　戻す→熱湯　かける

生春巻の皮　皿などに広げ、水をつけた手で表面をさっとなでる

＜その他の材料＞

白身魚の刺身　８切れ

大根　２cm→せん切り

万能ねぎ　２～３本→10cm程度に切る（巻いた時にバランスを見て長さを調整）

わさび・醤油　各適量

■作り方

①戻した生春巻きの皮の上に、菊のり、白身魚の刺身、大根、万能ねぎをのせて、ピッチリと巻く。

②わさび醤油を添える。

＊菊のりがきれいに見えるように配置を工夫します。巻きはじめは大根と刺身、ひと巻きしてから菊のりと万能ねぎの順に巻いていくと、具が透けて見えてきれいです。

菊のり

食用菊の花びらを蒸して板状にしたもの。ガクを取り、酢水でゆがく必要がないので、便利に使え、料理に彩りを添えます。

39

干し大根

大きく切る、細かく切る、繊維に沿って切る、輪切りにする、加熱してから干す、加熱せずに干すなど、さまざま。細かく切ったものは、早く戻るので便利。煮物以外に、サラダや和え物、スープの具にもあいます。

39

カタチ、食感、風味の違いを楽しんで

４種の干し大根のサラダ

■材料

＜主な乾物＞

切り干し大根、割干し大根、花切り大根、茹で干し大根　各 10g 程度

乾物タイム

切り干し大根　戻す→水　10 分

割干し大根　戻す→水　1 時間

花切り大根　戻す→水　10 分

茹で干し大根　戻す→水　2～3分

■作り方

戻した干し大根を、好みのドレッシングで和える。

☆参考レシピ

野菜たっぷりゴマドレッシング

■材料

玉ねぎ　1/4 個

人参　1/4 本

にんにく　1/2 かけ

白すりゴマ　大さじ3

ねりゴマ　大さじ1

酢・醤油　各 50cc

砂糖　大さじ2～3

植物油　100cc

■作り方

材料すべてをフードプロセッサーにかける。フードプロセッサーがなければ、玉葱、にんじん、にんにくはすりおろして混ぜる。

＊ドレッシングは冷蔵庫で1週間はもち、冷や奴や鍋料理のたれにも使えます。

自由大学
「乾物のある生活」

「乾物のある生活」@自由大学

2011年6月から「乾物のある生活」という全5回の講座を自由大学(運営:(株)スクーリング・パッド、東京都世田谷区)で始めました。場所は、廃校になった中学校の校舎です。2012年3月で第4期を終え、乾物への関心が高まっているのを感じています。

集まった受講生は20代～30代が中心。興味深かったのは、「料理はほとんどした経験がありません。乾物から入るのも面白いかと思って」と話す受講生が少なくないこと。一人暮らしの男性の参加も目立ちました。

毎日の生活に乾物を取り入れてもらうためには、思っていた以上に手早く調理でき、想像以上に幅広く活用できることを知ってもらわなければなりません。そこで、調理のデモンストレーションや試食の機会を多くしています。

また、講座の日以外に、見つけた乾物、作ったり食べたりした乾物料理をtwitterにつぶやいてもらったり、facebookに写真付きで載せてもらっています。講座のない日や講座終了後も乾物を意識する生活を続けてほしいからです(http://www.facebook.com/dryandpeace)。いくつか紹介しましょう。

「油《あぶら》麩《ふ》丼《どん》を作りました。5分で完成するので、お腹すいてすぐに食べたいときオススメです」

「干した人参を入れただけのほうれん草炒め。ほうれん草の水分で人参が戻りました」

「金針菜、干し海老、ブライトライト、自分の畑でとれたインゲンの炒め物&乾燥海藻とうち豆、レンズ豆(皮なし)のスープ。干しエビの戻し汁と塩だけで味付け」

「お麩トースト&ピスタチオクリーム。もちもち」

受講生はおそらく、乾物料理はむずかしいという漠然としたイメージをもっていたと思います。でも、講座の内容をとても素直にストレートに受けとめて、乾物への興味を自然に広げていきました。独自の発想で乾物料理作りを楽しむ人たちも登場。うれしい驚きでした。

乾物だけで ここまでできる

乾物の色や食感、風味、うま味を組み合わせると、乾物だけとは思えないおいしさが生み出せます。素材のバリエーションが豊富で、味わい豊かな乾物。乾物×乾物の組み合わせは思わぬ相乗効果を生み出し、カレーもいままでとは違うおいしさです。桜えびやドライフルーツ、ナッツなど、乾燥させることによって生まれた食感を活かせば、サラダやちらし寿司も新鮮な印象に。

40

40

乾物でカレー？意外なおいしさ

里の乾物カレー

■材料

＜主な乾物＞

芋がら　10g

干し椎茸　2枚

花切り大根　10g

黒目豆（パンダ豆）　50g

板麩　7.5 g

スライスアーモンド　適量

乾物タイム

芋がら　茹でる5分→水にさらす

干し椎茸　戻す→水　冷蔵庫で一晩

花切り大根　戻す→水　10分

黒目豆・板麩・スライスアーモンド　不要

＜その他の材料＞

にんにく　1/2かけ→みじん切り

生姜みじん切り　小さじ1

カレー粉　大さじ2

干し椎茸の戻し汁＋水　5カップ

塩　小さじ1

八丁味噌　大さじ1.5

ガラムマサラ　小さじ2

水溶き米粉（米粉大さじ3＆水大さじ6）

ご飯　適量

油　適量

■作り方

①鍋に油をひき、にんにく、生姜、戻して長さ4cmに切った芋がら、1/4に切った干し椎茸、花切り大根、黒目豆を入れて炒める。

②①にカレー粉を加えて炒めたら、干し椎茸の戻し汁と水、塩、八丁味噌、板麩を加えて、黒目豆に火が通るまで20分ほど煮る。

③②にガラムマサラを加え、水溶き米粉でとろみをつける。

④ご飯を盛った上にスライスアーモンドをトッピングし、③をかける。

＊乾物だけとは思えないうま味と、それぞれの食感を楽しんで。

＊ガラムマサラは、シナモンやクローブ、ナツメグなど数種類のスパイスを調合したインドのミックススパイス。通常、料理の仕上げに香りをつけるために使います。

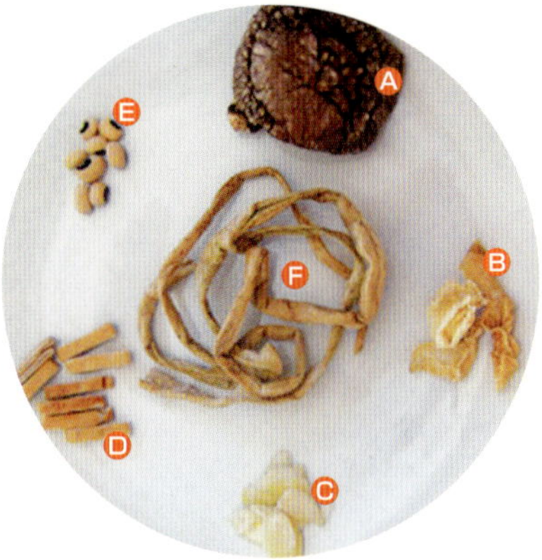

A干し椎茸
B花切り大根
Cスライスアーモンド
D板麩
E黒目豆
F芋がら

41

41

パスタの別茹で不要。鍋ひとつでできあがり

２種の干しきのこのパスタ

■材料

＜主な乾物＞

ペンネ　200g

干しきのこ（好みの種類２種あわせて）　25g

（今回はえのきだけとしめじ）

乾物タイム

不要

＜その他の材料＞

にんにく　1/2 かけ→みじん切り

ベーコン　40g →短冊切り

白ワイン　大さじ2

粉末昆布　小さじ１

水　２カップ強

塩　小さじ 1/2 程度

黒コショウ　適量

オリーブオイル　大さじ１

■作り方

①ぴったり蓋ができる鍋にオリーブオイルをひき、にんにくとベーコンを弱火で炒めて香りと脂を出したら、白ワインをふる。

②ペンネ、水でさっと洗った干しきのこ、粉末昆布、水（分量の水を入れてペンネが水から出ているようであれば、ひたひたにかぶる程度まで足す）を入れて蓋をする。

③沸騰したら弱火にして、ペンネの標準茹で時間だけ火を通す（途中１度かき混ぜ、水が足りなかったら足してかまわない）。

④塩で味を調え、皿に盛りつけ、黒コショウをふる。

＊好みの干しきのこを数種類あわせると、さらにおいしい。

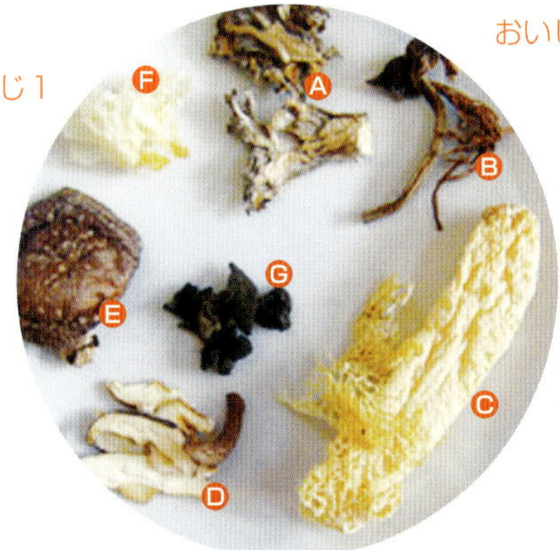

＊干しきのこいろいろ
Ⓐ舞茸、Ⓑ茶の樹茸、
Ⓒアミガサタケ、Ⓓスライス干し椎茸
Ⓔ干し椎茸、Ⓕ白きくらげ
Ⓖきくらげ

42

組み合わせの妙

野菜、きのこ、昆布、豆、えび。異なる種類の乾物の組み合わせが、このスープのポイントです。一緒に弱火で煮ることでそれぞれの持ち味がひとつにまとまって、深い味わいになります。「異なる種類の」という点を守れば、この材料どおりでなくても、おいしい乾物スープが味わえます。

42

具は乾物だけ、味付けは塩だけなのに、この深み

乾物のうま味
たっぷりスープ

■材料

＜主な乾物＞

スライス干し椎茸　5g

切り干し大根　5g

じゃこ　5g

干しえび　5g

すき昆布　2g

鰹節　2g

打ち豆　10g

春雨　20g

クコの実　10g

乾物タイム

すべて不要

＜その他の材料＞

水　500cc

塩・コショウ　各少々

■作り方

①鍋に春雨とクコの実を除く乾物と水を入れ、沸騰したら弱火にして 20 分ほど煮る。

②食べやすい長さに切った春雨とクコの実を加えて、春雨が柔らかくなるまで数分煮たら、塩・コショウで味を調える。

＊好みで、ナンプラーや醤油を加えても。

＊春雨の量を増やせば主食にも。

Ⓐスライス干し椎茸、Ⓑ春雨
Ⓒ打ち豆、Ⓓクコの実、Ⓔじゃこ
Ⓕ干しえび、Ⓖすき昆布、Ⓗ鰹節
Ⓘ切り干し大根

43

43

カタチも色も食感も多彩

乾物いろいろ和風サラダ

■材料

＜主な乾物＞

乾燥海草ミックス　適量

白きくらげ　5g

黒きくらげ　5g

糸寒天　3g

乾物タイム

乾燥海草ミックス　戻す→水　10分

白きくらげ・黒きくらげ　戻す→水　10分

糸寒天　戻す→水　20分

＜その他の材料＞

玉ねぎ　1/8個→薄切り（辛さが苦手なら水にさらす）

きゅうり　1/2本→せん切り

大葉　2枚→薄切り

みょうが　1/2個→薄切り

A［醤油・米酢各大さじ1、植物油小さじ2、ゴマ油小さじ1、柚子コショウ小さじ1/2］

■作り方

①戻した海草ミックス、白きくらげ、黒きくらげ、糸寒天は水をよく切り、食べやすい大きさに切る。

②玉ねぎ、きゅうり、大葉、みょうがを①に加えて、Aをよく混ぜて和える。

便利な乾燥ミックス

数種類の海草が一袋に入った乾燥海草ミックスはとても便利。食べやすい大きさにカットされているうえに彩りも考えられているので、他の材料を加えなくても、戻すだけでサラダなどに使えます。

＊戻すだけですぐに使える乾物
Ⓐ海草ミックス、Ⓑ白きくらげ、Ⓒドライドトマト
Ⓓすき昆布、Ⓔ切り干し大根、Ⓕ菊のり、Ⓖ腐竹
Ⓗゆで干し大根、Ⓘ春雨

44

44

乾物だけでも彩り鮮やか

乾物ちらし寿司

■材料

＜主な乾物＞

昆布　2cm角1枚

芽ひじき　3g

桜えび　8g

じゃこ　8g

松の実　10g

平湯葉　5g

菊のり　1g

焼きのり　適量→細く切る

ポワブルロゼ(ピンクペッパー)　適量

乾物タイム

芽ひじき　戻す→水　15分

平湯葉　戻す→ぬるま湯　5分(メーカーによって戻し時間や戻し方が違うので、袋の表示を参照してください)

菊のり　戻す→熱湯　かける

昆布・桜えび・じゃこ・松の実・焼きのり・ポワブルロゼ(ピンクペッパー)　不要

＜その他の材料＞

米　2合

酒　小さじ2

A［酢35cc、砂糖大さじ2、塩小さじ2弱］

■作り方

①米はといで、ざるにあげて30分ほどおく。酒と水で控えめに水加減し、昆布をのせて炊く。

②炊きたての①にAを加え、うちわであおぎながら、しゃもじで切るように混ぜ、すし飯を作る。

③戻した芽ひじき、平湯葉、菊のりは水気をきっておく。平湯葉は食べやすい大きさに切る。

④芽ひじき、桜えび、じゃこ、松の実、平湯葉を②に加えて混ぜ、上に菊のり、きざんだ焼きのり、ポワブルロゼを散らす。

＊トッピングに便利な刻みのりも市販されています。

＊トッピングに使える乾物
Ⓐ塩昆布、Ⓑおぼろ昆布、Ⓒカシューナッツ、Ⓓレーズン
Ⓔクコの実、Ⓕイエローレーズン、Ⓖ刻みのり、Ⓗ桜えび
Ⓘ黒ゴマ、Ⓙドライクランベリー、Ⓚ松の実
Ⓛたたみイワシ、Ⓜポアブルロゼ

取手アートプロジェクト(TAP)

乾物×アートで食べものを創ろう

茨城県取手市で1999年からユニークなアートプロジェクトを展開している取手アートプロジェクト(TAP)は2011年、「半農半芸」プロジェクトを立ち上げました。500坪の原っぱを舞台に、郊外都市とは何か、放射線の影響とどう向き合うのか、地域とどのようにかかわっていくのかといった現代社会のかかえる問題を検証しつつ、農と芸術の接触・融合による持続可能な循環型社会システムの構築を活動ビジョンとしています。

その第一回ワークショップとして、「乾物＝『DRY食材』はPEACEな未来食！」を2011年10月に開催しました。当日は残念ながら荒天のため、急遽室内での開催に。それでも、近くにある東京芸術大学の学生さんたちを中心に、若い人たちが集まりました。五感を使って乾物と向き合うクイズやゲームをしたり、大根と人参を使って「アートな乾物づくり」に挑戦したり。制作中は部屋がシーンとするほどに、誰もが集中して取り組んでいました。

想像以上に、個性豊かな乾物の「原型」ができあがるのは、さすが「アート」プロジェクト。首飾りのようなものあり、梯子をイメージしたものあり、イニシャルをデザインしたもの、モビール(動く彫刻)のような形状など、さまざまな作品ができあがりました。なかには、実際きちんと乾物になるのか微妙な作品も……。

これを家に持ち帰って実際に干し、日々その変化を楽しんだ後は、調理して食べようというのです。きっと、天気や温度、湿度を気にかけながら、日々食べものの変化を見守るという経験は、これまでにあまりなかったでしょう。

ある参加者から、「食べてみたら甘かったです」と報告が後日ありました。与えられたものを食べるだけではなく、自らの発想や手先を使って食べものを創ってみるのも、食との新しい付き合い方につながる。あらためて、そう思った一日でした。

乾物いろいろ

世界を見渡すと、乾燥じゃがいもや調理用食材としての干し肉など、日本では使われていないさまざまな乾物が見つけられます。また、技術の向上で、たとえば米粉や野菜パウダーのように、これまでとは違う用途や便利さをもつ乾物も登場。これらを賢く活用すれば、より楽しい食を味わえます。

一般的には手に入りにくいものも、乾物に関する先入観をそぎおとすきっかけに、また乾物の可能性について感じていただくために、あえて紹介しました。好奇心は、日々の食事作りを楽しくする源。旅行の際や輸入食材店に立ち寄る機会に、乾物を意識してみてください。

45

45

ペルーの定番食材、乾燥じゃがいもでグラタンを

パパセカのスウェーデン風グラタン

■材料

＜主な乾物＞

パパセカ　200g

乾物タイム

パパセカ　戻す→水　一晩

＜その他の材料＞

玉ねぎ　1 個→薄切り

アンチョビ　4尾→細かく刻む

ナツメグ・コショウ・塩　各少々

バター　大さじ2

A［生クリーム 1 カップ、牛乳 100cc、白ワイン大さじ2］

シュレッドチーズ　60g

■作り方

①鍋にバターを入れて玉ねぎをしんなりするまで炒めたら、戻したパパセカを加えて、ひと炒めする。

②①にアンチョビ、ナツメグ、コショウ、Aを加えて混ぜたら、塩で味を調え、蓋ができる耐熱皿に入れる。

③シュレッドチーズをのせて蓋をして、180 度に予熱しておいたオーブンで 45 分ほど焼く。

④蓋を取り、250 度に温度を上げたオーブンで焼き色がつくまで 10 分ほどさらに焼く。

＊蓋ごとオーブンに入れられる鍋や耐熱容器がなければ、アルミホイルなどで蓋をしてください。

＊パパセカは南米食材店で売られているほか、インターネットでの購入もできます。

パパセカ

パパセカは、じゃがいもを乾燥させたペルーの乾物。ペルー料理「カラプルクラ」（肉と干しじゃがいもの煮込み）には欠かせない食材です。

46

46

燻製風味の干し肉で一味アップ

干し肉とパパセカの煮込み

■材料

＜主な乾物＞

スクティ（ネパール風燻製干し肉）　100g

パパセカ　200g

乾物タイム

スクティ　戻す→水　20分

パパセカ　戻す→水　一晩

＜その他の材料＞

にんにく　1/2かけ→みじん切り

赤唐辛子　1本

玉ねぎ　1/2個→みじん切り

トマト缶詰　1缶（400g）

スープ　1カップ

塩・コショウ　各少々

イタリアンパセリ　適量

油　適量

■作り方

①戻したスクティは小さめの一口大に切り分ける。

②鍋に油をひき、にんにくと赤唐辛子を弱火で香りをたてるように炒めたら、玉ねぎを加え、中火でしんなりするまで炒める。

③①を加えてひと炒めしたら、缶詰のトマトとスープを加え、蓋をして弱火で40分ほど煮る。塩・コショウで味を調え、イタリアンパセリを散らす。

スクティ

スパイスを加えて燻製にし、乾燥させた肉。スモーク風味が料理に移り、野趣あふれる美味。煮込み料理やスープに合います。アジア食材店で手に入ります。

47

47

干したタロ芋の葉はフィリピンでは定番食材

タロ芋の葉と豚肉のココナッツミルク煮

■材料

＜主な乾物＞

タロ芋の干し葉（dahong ng gabi）　20g

干しえび　10g

乾物タイム

タロ芋の干し葉　茹でる→数分　水にさらす

干しえび　戻す→水　10分

＜その他の材料＞

豚肩ロース塊肉　300g →一口大に切る

にんにく　1かけ→みじん切り

生姜みじん切り　大さじ1

玉ねぎ　1個→薄切り

ココナッツミルク　1缶（400ml）

青唐辛子　2本→小口切り

塩　適量

油　適量

■作り方

①鍋に油をひき、にんにくと生姜を弱火で香りをたてるように炒めたら、玉ねぎを加え、中火でしんなりするまで炒める。

②豚肉を①に加えて炒め、色が変わってきたら、戻したタロ芋の葉をざく切りにして加え、さらに炒める。

③②にココナッツミルク、戻した干しえびと戻し汁、青唐辛子を加え、蓋をして弱火で肉が柔らかくなるまで40分ほど煮る。途中で汁が少なくなったら水を足す。

④塩で味を調える。

タロ芋の干し葉

干したタロ芋の葉は、フィリピンでよく使われる食材です。湯がいてアクを抜いてから、カレーや和風の煮物に加えても。フィリピン食材店で手に入ります。

48

48

中国ではささげのさやも乾物に

豚肉とジェンドウガン(豇豆干)の炒め煮

■材料

＜主な乾物＞

ジェンドウガン　5g

すき昆布　5×10cm程度

煮干し　5本

乾物タイム

ジェンドウガン　戻す→水　一晩

すき昆布　不要

煮干し　不要(頭と内臓を取る)

＜その他の材料＞

豚バラ薄切り肉　100g→長さ3cmに切る

米粉　大さじ1程度

インゲン　8本→長さ4cmに切る

酒　大さじ1

みりん　大さじ1.5

醤油　大さじ1.5

水　1カップ弱

油　少々

■作り方

①ジェンドウガンは長さ4cmに切る。

②豚バラ肉に米粉をまぶしておく。

③鍋に油をひき、①とインゲンをさっと炒める。

④③に酒、みりん、醤油、すき昆布、煮干し、水を加え、煮立ったところに②を加える。

⑤肉に火が通り、汁にとろみがつくまで煮る。

＊豚肉に米粉をあらかじめまぶしておくことで、肉の表面がつるんとした食感になり、だしの味もよくしみこみます。また、米粉が汁にとろみをつけることにもなります。

ジェンドウガン

十六ささげを干したもの。中国でよく使われます。炒め物や煮物に向いています。十六ささげの名前の由来は、さやの中に16個の豆ができるからとも。30～50cmにもなるさやを若いうちに食用にします。

49

49

知られざる便利食材・乾燥しらたき

乾燥しらたき入り牛皿

■材料

＜主な乾物＞

乾燥しらたき　2個

乾物タイム

不要

＜その他の材料＞

牛小間切れ肉　100g

玉ねぎ　1/4 個→薄切り

ピーマン　1/2 個→薄切り

赤ピーマン　1/2 個→薄切り

油　適量

A［だし汁 1 カップ、
みりん大さじ4、
醤油大さじ3］

■作り方

①鍋に油をひいて、玉ねぎと牛肉をさっと炒めたら、ピーマンと赤ピーマンを加えて、ひと炒めする。

②①にAを入れ、沸騰したら、乾燥しらたきを加える。

③蓋をして5分ほど煮たら、火を止め、味を含ませる。

乾燥しらたき

お湯ですぐに戻ります。煮物や鍋には、戻さずそのまま利用できます。乾燥させる工程で多孔質になるため、味のしみこみがよいのも特徴です。

また、乾燥しているので、煮物などに加えた場合、水っぽくなりません。こんにゃく臭さも、あまりありません。

50

50

野菜パウダーを料理に活用

スナップエンドウ風味のホタテのリゾット

■材料

＜主な乾物＞

スナップエンドウパウダー　大さじ2

干し貝柱　2個

乾物タイム

干し貝柱　戻す→白ワイン大さじ3　一晩

スナップエンドウパウダー　不要

＜その他の材料＞

玉ねぎ　1/4個→みじん切り

エリンギ　中1本→2cm角切り

米　1合

湯　2カップ程度

刺身用ホタテ　6個

塩・コショウ　各少々

オリーブオイル　大さじ1

■作り方

①鍋にオリーブオイルを熱し、玉ねぎを中火で炒める。玉ねぎが透き通ったら、エリンギを加えて炒める。

②米は洗わずに①の鍋に加え、透き通るまで炒める。

③干し貝柱の戻し汁と湯を足して2カップ程度にし、身をほぐした干し貝柱とともに、②に加える。

④沸騰したら蓋をして、弱火で15分ほど炊く。汁気が足りなくなったら、湯を少しずつ足してよい。

⑤スナップエンドウパウダーを大さじ3程度の水（分量外）で溶いて鍋に加え、蓋をして、さらに2〜3分火にかける。

⑥刺身用ホタテは食べやすい大きさに切って⑤に入れたら、蓋をしたまま火を止めて2〜3分蒸らし、塩・コショウで味を調える。

野菜パウダー

ほうれん草、小松菜、人参、ごぼう、かぼちゃ、とうもろこしなどいろいろな野菜パウダーが売られています。離乳食やポタージュスープ、お菓子作りにも便利に使えます。

自分で乾物を作ってみよう！

家庭菜園の愛好者が増えています。とくに夏などは、食べきれないほどの収穫にうれしい悲鳴をあげている人も多いのではないでしょうか。そんなときこそ、乾物作り！

たとえば、ゴーヤは厚さ1cmに切って天日に干せば、夏なら2日もあれば乾物に。庭がなくても大丈夫。日当たりのよい窓辺に置くなど工夫すれば、屋内でも乾物作りは楽しめます。

大根をせん切りにしてざるなどに広げておけば、冬の晴れた日なら3～4日で切り干し大根の完成です。

また、一袋買って食べきれない椎茸をざるに3～4日くらい載せておけば、干し椎茸として使えて、無駄がありません。残ったピーマンも薄切りにして2～3日干しておけば、日持ちがします。

ざるのかわりに、市販の焼き網に並べると、上下からの通気性が高いので、より早く干し上がります。最近は100円ショップで売られるようになった干し網も便利です。虫がとまることもなく、強風で飛ぶ心配もありません。

乾物を作ろうと、かまえる必要はありません。冷蔵庫の中で腐らせて捨てるよりは、チョコチョコ乾物作りへと発想を転換して、気楽に自家製乾物を楽しんでください。

ゴーヤのbefore&after

乾燥させる間に意外と縮むので、あまり薄切りにせずに干すのがポイントです。

見た目も鮮やかなす干し

厚さ7～8mmに切って水にさらし、アクを抜いてから、夏なら2~3日、秋なら4~5日干します。仕上がりが美しくなり、料理の色もきれいです。

きのこのうま味がアップ

うま味が多い食材が、干すことでもっと、うま味を増します。エノキダケやシメジは小房に分け、椎茸やエリンギは7～8mmくらいに薄く切って干すと、早く乾き、使うときも便利です。

簡単干し大根

せん切りにするのが面倒という場合は、スライサーを使えば簡単。5mm程度の薄い輪切りにして1週間くらい干しておくだけでも、干し大根が作れます。余りそうなときは早めに乾物にして、おいしく食べきりましょう。

干し人参

大根と同様、せん切りにしたり、5mm程度の薄い輪切りにして、3日～1週間程度干します。

ドライドトマト

ミニトマトのヘタを取り、半分に切って干します。軽く塩をふると水分が抜けやすくなり、早く干し上がります。種の部分の水分が抜けにくいので、真夏の晴天を選んで4～5日干してください。途中で裏返すと、ムラなく乾きます。

■上手な保管の方法

自家製乾物は、機械で均一に干したものとは違います。乾ききっていないところがあると、密封することでむしろカビがでやすくなる心配があります。ビニール袋などに入れるより、紙袋や紙箱などで保管するのがおすすめです。

乾物TIME おもな乾物の戻し時間って、どのくらい？

0min

小豆・板麩・打ち豆・鰹節
乾燥しらたき・クコの実
黒目豆・桜えび・じゃこ
すき昆布・スライス干し椎茸
ドライフルーツ・ナッツ類
のり・干しえび・干しなす
レンティル

20min未満

油麩・芋がら・乾燥海藻ミックス
かんぴょう・菊のり
きくらげ・切り干し大根
金針菜・クスクス・スライス干し椎茸
高野豆腐・ドライドトマト
春雨・ひじき・平湯葉・干しえび
干しゴーヤ・干しなす・干しわかめ

1H未満

車麩・割り干し大根

3H未満

山くらげ

7H～8H

昆布・すきみ鱈
スルメ・干し貝柱
干し椎茸・干し竹の子
豆類

① 戻しに必要な時間は、意外と短いものも多い
② 戻すのに一晩かかる乾物も、
作業時間はたった数分
③ 戻している間は自由時間

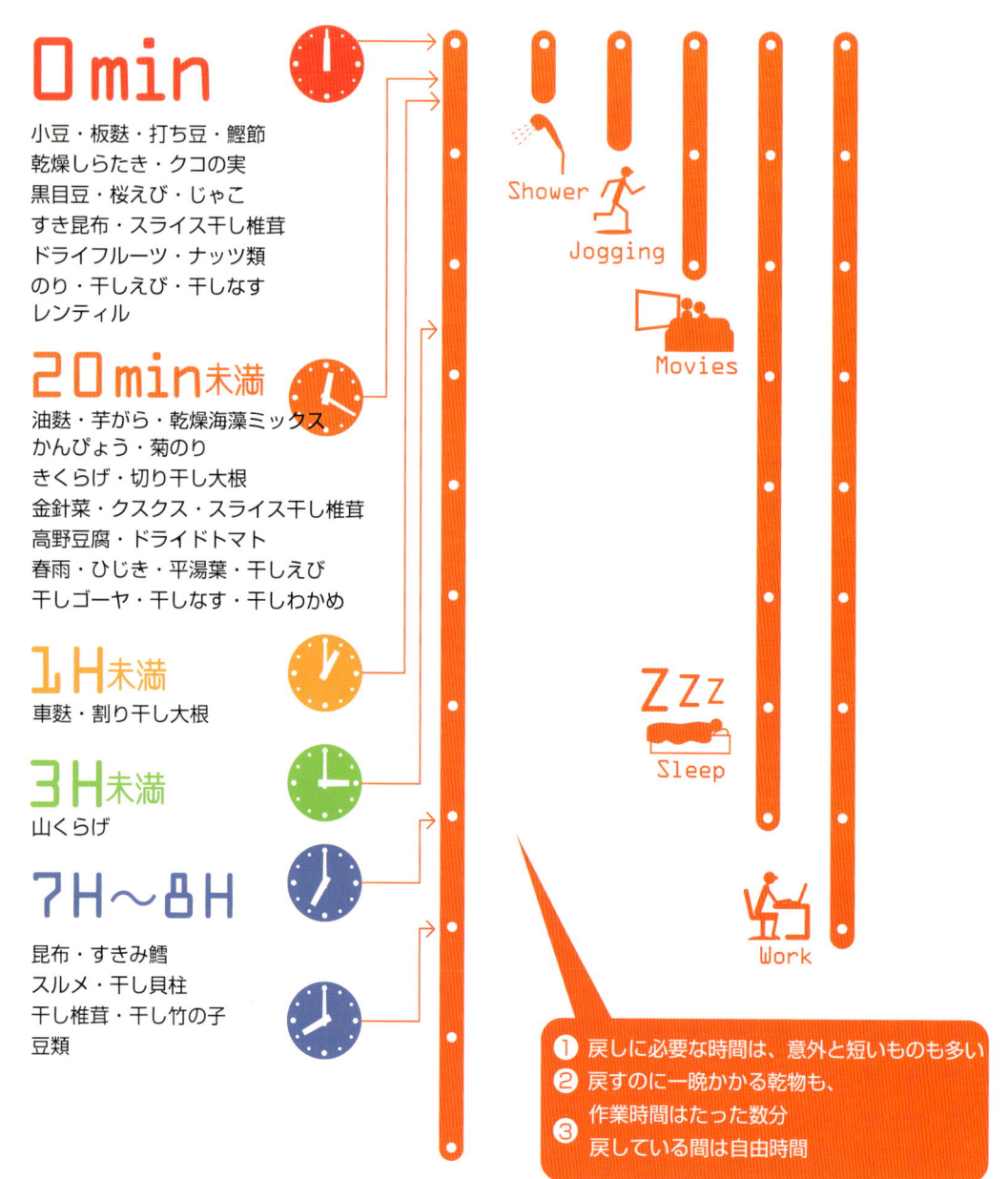

あとがき

「乾物って、これから面白いかもね」と話していた矢先に、東日本大震災が起きました。プロローグに書いたように、「乾物は未来食」という思いを新たにし、私たちはいままで使ったことがない乾物も積極的に探し求めて、使い方の研究を重ねてきました。乾物の世界は当初考えていたよりもずっと深く、広く、豊かで、乾物のもつ味わい、うま味、食感は、私たちの日々の食卓に新たな彩りを添えてくれます。乾物を使って、少し先の食卓を考える生活は、決して面倒ではなく、むしろ充実していました。

今晩あるいは明日のために何を食べるのかを頭の中にイメージして描き、それを現実のものにするために手を動かす。それは、自らの食スタイルをデザインすることです。「空腹だから何か食べよう」から始める食のあり方とは、ちょっと違います。

デザインするためには、そのベースとなる素材＝食材が必要です。その素材を育む環境や農業も、また素材を創り出す人の存在も、意識することになります。何をどう食べるかの小さな選択の繰り返しは、個人の食スタイルを創造するだけにとどまらず、未来の世界を選択することです。毎日の食を愉しみながら、一緒に未来をデザインしていくために、乾物 Every Day！

この本が完成するまでには、多くの方々にお世話になりました。ともすれば地味で古くさいと思われがちな乾物の世界を、楽しさと洗練を感じさせる表現で一冊の本に創りあげてくださった、デザイナーの月乃南さんとフォトグラファーの永野佳世さん、ありがとうございました。ハードな撮影現場の細々とした作業を笑顔でこなしてくれた徳田淑恵さんには、その細やかな気配りにとても助けられました。最後に、乾物の本を創りたいという私たちの希望を即決し、出版してくださったコモンズの大江正章さんにお礼を申し上げたいと思います。みなさん、どうもありがとうございました。

2012 年4月

サカイ優佳子・田平恵美

乾物 素材引きインデックス

乾物EveryDay

2012年5月10日・初版発行
著者●サカイ優佳子・田平恵美
写真●永野佳世

発行者●大江正章
発行所●コモンズ
東京都新宿区下落合 1-5-10-1002
TEL03-5386-6972 FAX03-5386-6945
振替 00110-5-400120

info@commonsonline.co.jp
http://www.commonsonline.co.jp/

制作協力／徳田淑恵
装丁・本文デザイン／クローゼット 月乃南

印刷／東京創文社　製本／東京美術紙工
乱丁・落丁はお取り替えいたします。
ISBN 978-4-86187-088-0 C0077